Filosofía de la coquetería

Georg Simmel

www.archivosvola.es

rescatando el acervo

© Archivos Vola, Madrid, 2024

ISBN: 978-84-125889-8-9

Depósito legal: M-1835-2024

Impreso en España

Índice

ESENCIA DE LA COQUETERÍA

Decía Platón que el amor es un estado intermedio entre poseer y no poseer. Esta definición, empero, no penetra en lo profundo de la esencia amorosa y toca solamente a un aspecto de su manifestación externa. En efecto; excluye ese amor que dice: ¿qué te importa a ti que yo te ame?, y sólo puede referirse, por tanto, a ese otro amor que, en el instante de satisfacer su anhelo, muere. Situado a la mitad del camino entre el no poseer y el poseer, agotando su esencia en el movimiento hacia la posesión, el amor, cuando ha logrado "poseer", no puede ya ser el mismo que antes, no puede ya ser amor, sino que convierte el caudal de sus energías en goce o acaso en tedio. Mas esta consecuencia del amor, considerado como anhelo de posesión, no excluye la posibilidad de que el amor resucite en el instante mismo de extinguirse, quedando así como encuadrado en una rítmica alternancia, cuyas cesuras son justamente los momentos de plena satisfacción. Pero cuando el amor arraiga en las regiones más profundas del alma, entonces esa alternancia de posesión y no posesión representa solamente la forma de su exteriorización superficial. La esencia del amor –el deseo no es más que apariencia manifestadora– no se anula cuando el amor se sacia.

Pero sea cual fuere el sentido del afán posesivo, ya denote el elemento definitivo del amor o sirva tan sólo para acentuar el ritmo ondulante que se cierne sobre ese elemento definitivo –es el caso que cuando el objeto es una mujer y el sujeto un hombre, el afán de posesión se desarrolla sobre el hecho psíquico característico del "agrado". El "agrado" es la fuente en donde se alimentarán la posesión y la no posesión, si han de convertirse para nosotros en placer o dolor, en deseo o temor. Pero aquí, como en otros muchos casos, la relación de dependencia entre el poseer y el estimar puede establecerse también en sentido contrario. La importancia y valor que atribuimos a la posesión o no posesión de un objeto no depende solamente de que este objeto nos agrade; puede también suceder que si, por una u otra causa, se destacan con insistencia e importancia para nosotros la posesión o no posesión de tal o cual objeto, este objeto entonces nos produzca por eso mismo agrado. Así, el precio que pagamos por una mercancía no está determinado solamente por el atractivo que la cosa ejerce sobre nosotros; también ocurre en muchísimos casos que el precio exigido, la imposibilidad de obtener la cosa gratis, la necesidad de adquirirla mediante sacrificio y esfuerzo, la hacen atractiva y deseable. Esta desviación psicológica es la que da a las relaciones entre el hombre y la mujer la forma típica de la coquetería.

La coqueta "quiere agradar". Pero, en sí mismo, este afán de agradar no imprime a la conducta de la coqueta su sello característico. Identificar la coquetería con el "afán de agradar" sería confundir el medio adecuado para cierto fin con el deseo de conseguir ese fin. Una mujer puede, para agradar, emplear cuantos recursos se le ocurran, desde los más sutiles estímulos espirituales hasta las más insistentes exhibiciones: no por esto, sin embargo, habremos de clasificarla entre las coquetas. Porque lo propio y peculiar de la coquetería consiste en producir el agrado y el deseo por medio de una antítesis y síntesis típicas, ofreciéndose y negándose simultánea o sucesivamente, diciendo sí y no "como desde lejos", por símbolos e insinuaciones dándose sin darse, o, para expresarnos en términos platónicos, manteniendo contrapuestas la posesión y la no posesión, aunque haciéndolas sentir ambas en un solo acto. En la actitud de la coqueta percibe el hombre yuxtapuestas y compenetradas dos posibilidades: la de ganar y la de no ganar. Esta es, empero, la esencia misma del "precio" y esto es lo que –merced a esa desviación psicológica que convierte el aprecio en un epígono del precio– hace que esa ganancia aparezca como valiosa y deseable. La esencia de la coquetería, expresándonos con paradójica brevedad, es la siguiente: donde el amor existe, existe también, bien en su fundamento, bien en su superficie, la posesión y la no posesión; por tanto, donde exista la posesión y la no posesión –aunque no sea en la forma de la realidad, sino en la del juego– existirá también el amor o, al menos, algo que ocupa el lugar de éste.

FORMAS DE LA COQUETERÍA

Aplicaré esta interpretación de la coquetería primero a algunos hechos de la experiencia. Es característica de la coquetería, en su forma más trivial, la mirada por el rabillo del ojo, con la cabeza medio vuelta. Hay en esta actitud un apartamiento mezclado al mismo tiempo con una como efímera entrega; la atención dijérase que por un momento se dirige hacia el otro y, sin embargo, en ese mismo momento, se desvía simbólicamente por la dirección opuesta del cuerpo y de la cabeza. Ese modo de mirar no puede persistir fisiológicamente más de unos segundos, de suerte que, al empezar a ser, prepara va, por decirlo así, como algo inevitable, su cesación y muerte. Tiene el encanto de lo clandestino, de lo furtivo, de lo que no puede durar largo tiempo y en que, por lo mismo, el sí y el no se mezclan inseparables. La mirada plena, de frente, por muy íntima y anhelante que sea, no tiene nunca ese matiz específico de la coquetería.

A esta misma región de la coquetería pertenece el movimiento ondulatorio de las caderas, el andar contoneándose; no sólo porque ese movimiento acentúa por modo instintivo las partes más atractivas del cuerpo, desde el punto de vista sexual, conservando, sin embargo, la necesaria distancia y reserva –sino también porque esa manera de caminar nos presenta la imagen del ritmo alternado con que se suceden la oferta y la negativa. En esa simultaneidad de las alusiones al sí y al no, hay una modificación técnica, que se da cuando la coquetería trasciende de los movimientos y expresión del sujeto. La coquetería gusta a veces de entretenerse con objetos que se hallan, por decirlo así, allende la persona: perros, flores, niños. En efecto; esto significa, por una parte, que la coqueta se desvía de aquel a quien va el juego dirigido, y, por otra, que le hace patente el valor inestimable de su entrega. En otros términos, la coqueta dice: "no eres tú el que me interesas, sino estas cosas: flores, perro, que están aquí"; pero, al mismo tiempo, dice también: "éste es un juego que yo represento, pues si me ocupo de estas cosas es por interés hacia ti". Si queremos fijar en conceptos las formas más distintas de esta coquetería, hallamos una triple síntesis: la coqueta aduladora, que parece decir: tú, sin duda, eres capaz de conquistarme, pero yo no quiero dejarme conquistar; la coqueta despreciativa, que parece decir: gustosa me dejaría yo conquistar, pero tú no eres capaz de ello; la coqueta provocativa, que parece decir: quizá puedas tú conquistarme, quizá no; prueba a ver.

Este movimiento entre la posesión y la no posesión, o dicho de otro modo, la simbólica compenetración de ambas, culmina netamente en el caso de que la mujer se dirija a un hombre que no es el que ella tiene en el pensamiento. No se trata aquí de la brutal sencillez de los celos. Estos pertenecen a otra región, y cuando se trata de darles suelta para transformar en pasión el deseo, ya no sirve la forma de la coquetería. La coquetería tiene que hacer sentir a la persona, a quien va dirigida, el juego fácil entre el sí y el no, la negativa, que pudiera bien ser un rodeo para llegar a la entrega, o la entrega aparente, que pudiera bien ocultar en su seno, como posibilidad y amenaza, una recogida o una negativa final. Pero la coquetería termina cuando ha recaído una decisión definitiva; y la máxima maestría en el arte de ser coqueta consiste en llevar el juego lo más cerca posible de una resolución definitiva, sin caer, empero, en ella y dejando siempre indecisa la cuestión. Cuando la mujer coquetea "con" un hombre para, de este modo, coquetear con otro, que es el que realmente ella tiene en el pensamiento, queda bien manifiesto el sentido profundo y característico que reside en la doble significación de la palabra "con", que, por una parte, designa el instrumento, y, por la otra, el correlato de una relación. Dijérase que no es posible convertir a un hombre en simple medio, sin establecer a la vez una reacción y una relación recíprocas.

LA OCULTACIÓN Y LA COQUETERÍA

Por último, hay un hecho, de sentido primeramente físico, pero también luego espiritual, en donde se muestra inmediata esa fusión del sí y del no, con que se aderaza la coquetería. Me refiero al hecho de "cubrirse a medias", por el cual entiendo todos los casos –externos como internos– en que la entrega, la exhibición, es interrumpida por una parcial ocultación y negativa, de suerte que el todo es representado en la fantasía con mayor insistencia, y resulta entonces que, a consecuencia de la oposición entre esa imagen de la fantasía y la realidad incompletamente manifiesta, el deseo de la totalidad se hace tanto más consciente e intenso. Es curioso advertir cómo la evolución histórica de la ocultación del cuerpo manifiesta a las claras ese motivo de la simultánea oferta y negativa. La etnología actual considera como seguro que la ocultación de ciertas partes del cuerpo –como el vestido en general– no tiene primitivamente la menor relación con el sentimiento del pudor y más bien sirve para satisfacer la necesidad de adorno y obedece para la intención de producir por la ocultación un estímulo de carácter sexual. En pueblos que andan desnudos sucede que sólo las enamoradas se visten. Los cinturones y delantalillos que llenan el cometido de la hoja de parra, son muchas veces tan exiguos y de tal modo dispuestos, que su fin no puede ser la ocultación como tal. Deben responder a otros propósitos. ¿Cuáles? Hay un fenómeno que nos los revela. En casos numerosísimos esos cinturones y delantalillos están pintados de colores y adornados con adornos muy llamativos. Claramente se comprende que su fin es atraer la atención sobre esas partes. La supuesta ocultación es, pues, primitivamente un adorno, con la doble función que tiene todo adorno, a saber: primero, llamar la atención, dirigir hacia lo adornado un interés superior, y luego, también, presentar lo adornado como algo lleno de encantos y de valor, algo que merece la atención prestada. Inevitablemente, empero, ese adorno, como todo adorno corporal, no puede realizar su función si no es encubriendo. En virtud, pues, de esta coincidencia, la forma primitiva del vestido es ya una forma de coquetería. La negativa, la ocultación, se funde aquí en un solo y mismo acto con la acción llamativa y el ofrecimiento. Al adornarse una persona en totalidad o en parte, encubre y oculta lo adornado; pero al encubrirse y ocultarse, llama la atención sobre sí y sobre sus encantos. Hay en esto, por decirlo así, una necesidad óptica que, en el primer estadio de la indumentaria, establece ya la simultaneidad del sí y el no, fórmula de la coquetería.

Y profundizando todavía más, podemos decir que el dualismo de esta conducta no es sino la manifestación o técnica empírica con que se realiza una actitud que en el fondo es perfectamente uniforme. Más tarde estudiaré en qué consiste la esencia de esta unidad. Por de pronto, y partiendo de ella, me limitaré a sacar la conclusión de que esa coexistencia del sí y del no, no ha de ser una rígida yuxtaposición, sino una oscilación viviente, un mutuo ofrecerse la primacía, en íntima compenetración. Si esto no se consigue, entonces la semi-ocultación no llega a tener sentido de coquetería y se convierte en una contradicción desagradable. Sobre estas bases encuentra solución el complicado problema estético-psicológico de por qué la actitud de la Venus medicea es para muchas sensibilidades insoportable. Cubrirse con las manos es enteramente inadecuado para lo que Venus quiere conseguir. En realidad, la estatua está desnuda y la ocultación esbozada resulta, por decirlo así, una adición inorgánica; no se compone en unidad íntima con la desnudez general, y no organiza la oscilación viviente entre el dar y el negar, que es la esencia de toda coquetería. "La causa, o quizá también el efecto, es que esa figura se sale de la esfera del arte para penetrar en la de la realidad. No es ya la imagen artística de una mujer que mediante un ademán de ocultación coquetea con un ser ideal situado en el mismo espacio ideal que ella. En realidad, al verla, tenemos la sensación de que está coqueteando con el espectador verdadero que la contempla; y nos parece que la estatua representa una escena real –sólo que la mujer es de mármol en vez de ser de carne y hueso. Ahora bien, para el espectador real, la diosa no está de hecho cubierta –aunque para el espectador ideal podría estarlo merced al simbolismo que rige en la esfera pura del arte, esfera no respetada en este caso–, y así resulta que, en su ademán, el ofrecimiento y la negativa carecen de unidad, y los momentos, polares de la coquetería quedan separados en dos distintas esferas, separación que anula su sentido, es decir, produce desagrado en vez de placer.

En el terreno de la semi-ocultación espiritual, hay un caso de coquetería de los más típicos. Consiste en enunciar algo que no es propiamente aquello a que la mente se refiere: como, por ejemplo, sucede en la paradoja, cuya sinceridad siempre es dudosa o en la amenaza en broma o en el propio rebajamiento del fishing for compliments. El encanto de estas maneras de manifestarse está siempre determinado por la oscilación de la sinceridad entre el sí y el no. El que oye o lee no sabe si lo que oye o lee expresa la verdad del que habla o lo contrario. De suerte que el sujeto de esta clase de coquetería se sale de la realidad tangible y se incluye en una categoría vacilante y volandera, la cual, sin duda, contiene la esencia propia del que habla, pero no la manifiesta con suficiente claridad. Hay una escala gradual de tales formas, desde la afirmación hecha totalmente en serio, aunque acompañada de una leve auto-ironía, hasta la paradoja enorme o la modestia exagerada, que nos deja sin saber si el que habla se burla de nosotros o de sí mismo. Cada uno de esos grados puede entrar al servicio de la coquetería, tanto de la masculina como de la femenina; porque el sujeto, semioculto tras su manifestación verbal, nos sumerge en un sentimiento dualista que consiste en que, casi al mismo tiempo, parece ofrecérsenos y escapársenos de las manos.

Por todo cuanto venimos diciendo, parece que la coquetería, conducta conscientemente dualista, contradice por completo la "índole unitaria" de la mujer, carácter que, comprendido de uno u otro modo, interpretado con más o menos profundidad, siempre constituye el tema fundamental de toda psicología femenina. Cuando las almas masculina y femenina son percibidas en contraposición de esencias, suele decirse que la mujer es por naturaleza más centralizada y tiene sus impulsos y pensamientos más estrechamente ordenados en torno a uno o a pocos puntos, a partir de los cuales es fácil excitarlos; mientras que el hombre, más diferenciado, se entrega a intereses y ocupaciones que fluyen más independientes por su objetividad definida y por la división del trabajo, que los mantiene separados del núcleo central e íntimo de la persona. Pero se irá viendo con claridad creciente que aquel dualismo no está contradicho por la índole peculiar de la mujer, y que la coquetería establece entre la mujer y el hombre una relación que realiza una especial síntesis de sus elementos decisivos; porque justamente la relación de la mujer con el hombre, considerada en su sentido específico e incomparable, se agota en la concesión y la negativa. Existen, sin duda, entre los sexos otras muchas clases de relaciones: amistad, enemistad, comunidad de intereses y mutuo apoyo moral, solidaridad bajo una misma égida religiosa o social, cooperación para fines objetivos o familiares. Pero estas clases de relaciones, o son de índole universal humana y pueden existir en lo esencial entre personas del mismo sexo, o están determinadas por algún punto –real o ideal– situado fuera de los sujetos mismos y de la línea que inmediatamente los une, y, por lo tanto, no forman entre ellos una acción mutua tan pura y exclusiva como la forman la negativa y la concesión –entendiendo éstas, naturalmente, en el más amplio sentido, que comprende todos los contenidos internos y externos–.[1] Concederse y negarse, he aquí lo que las mujeres pueden hacer plenamente, lo que sólo ellas pueden hacer con plenitud. Por esta razón es por lo que se ha querido muchas veces explicar el hecho de la coquetería, refiriéndolo al

1. En las investigaciones sobre la relación entre los sexos, en toda su amplitud, es casi inevitable, por evidentes motivos psicológicos, que las expresiones evoquen sobre todo sus significados más groseros. Pero cuando hablamos aquí de concesión y goce, de sí y de no, estos términos indican las formas generales de esa relación, formas que se llenan con los contenidos más altos como con los más ínfimos, en el sentido estético y moral. Estas diferencias extremas de valor no pueden impedir que el estudio meramente psicológico considere esas categorías formales como por igual eficaces.

antiquísimo fenómeno –sin duda muy incierto en su difusión– del "robo nupcial". Hoy todavía, en muy distintas partes del globo -por ejemplo entre los tungusos, los neozelandeses y algunas tribus de beduinos- es costumbre que la novia se resista al novio con todas sus fuerzas y no se entregue sino tras una lucha violenta. Aquí sin duda encontramos, aunque en forma brutal, los elementos de la coquetería. Pero al variar el criterio, parece que esos elementos varían también de signo y se hacen negativos; las novias salvajes se resisten, pero se entregan, mientras que la coqueta no se resiste, pero no se entrega tampoco. La actitud de los sexos en el acto de negarse o entregarse es justamente diferente, y esa diferencia es bien característica. Cuando un hombre se niega a una mujer que se ofrece a él, este acto podrá estar perfectamente justificado por motivos éticos, personales y estéticos y podrá incluso ser necesario; pero tiene siempre algo de penoso, de poco caballeresco y, en cierto modo, de ridículo, más para el hombre que para la mujer, la cual fácilmente da un giro trágico al hecho de haber sido rechazada. No es, pues, actitud conveniente para el hombre la de rechazar a una mujer -aunque tampoco es conveniente en la mujer el ofrecerse al hombre-. En cambio, cuando la relación se invierte, los términos quedan igualados, de suerte que rechazar al pretendiente es, por decirlo así, el gesto que a la mujer le cuadra mejor. Mas, por otra parte, la capacidad de entrega -a pesar de la reserva a que aludiremos al término de estas páginas- es en la mujer tan profunda y entera y expresa de modo tan completo su esencia que acaso no pueda el hombre en este sentido igualarla jamás. Las mujeres son maestras en el arte de decir sí y no, de entregarse y negarse. Este es el perfeccionamiento de la función que a los elementos femeninos les corresponde ya desde el reino animal, y que consiste en que la hembra es la que elige. Así se explica el fenómeno observado por Darwin de que entre los animales domésticos la hembra muestra atracciones y repulsiones más individualizadas que el macho. Siendo la mujer la que elige, su preferencia está determinada por la individualidad del hombre, por ser el hombre éste o aquél precisamente y no otro. En cambio, el hombre busca a la mujer en general como hembra -aunque la civilización haya modificado este esquema fundamental en uno y otro sentido. Esta facultad de elección que les corresponde en esto a las mujeres les da muchas más ocasiones para dejar la decisión en suspenso; y no debemos admirarnos de que la confluencia de todos estos elementos en la coquetería haya proporcionado a las mujeres una forma que para el hombre no es adecuada y que a ellas les permite tener la balanza igual, por decirlo así, entre la entrega y la negativa.

El motivo que mueve a la mujer a seguir esa conducta es -reducido a su fórmula más general- el encanto de la libertad y del dominio. Normalmente la mujer sólo se encuentra una o pocas veces en situación de decidir sobre el problema fundamental de la vida -y justamente en este caso grave la libertad individual de su decisión es con frecuencia más aparente que real. Pero en la coquetería, esa decisión, aunque por mera aproximación y símbolo, le corresponde, por decirlo así, de manera crónica. Alternando o simultaneando el sí y el no, la efusión y la reserva, la mujer se recluye tras cada uno de los dos términos y maneja el otro como un medio de mantener en plena libertad su personalidad propia, sustraída a todo prejuicio. Por doquiera se observa que la libertad no permanece nunca en su sentido negativo, sino que bien pronto suele emplearse en la adquisición de poderío y dominio. En el caso de la coquetería ambas cosas se entremezclan inmediatamente. El poderío de la mujer frente al hombre se manifiesta en el sí o no y precisamente esta antítesis, entre cuyos términos oscila la coqueta, sirve de fundamento al sentimiento de libertad, a la independencia del yo tanto de uno como de otro, a la sustantividad del sujeto allende los contrarios. El poderío de la mujer sobre el sí y el no es anterior a la decisión; porque una vez tomada ésta, da fin al poderío en todo caso. Pero la coquetería es el medio de ejercitar ese poder en forma duradera. Y en bastantes casos se ha podido observar que las mujeres muy dominantes son también muy coquetas. Pues -y hay que acentuar esto para dar claridad a la relación típica- esa oscilación e indecisión no se refieren para nada a la mujer misma, a la resolución interna de la mujer, sino sólo a su manifestación externa para la otra persona que se halla enfrente. No quiere, pues, esto decir que la mujer vacile y sienta incertidumbre interna en su elección -semejante incertidumbre, cuando se da, produce un cuadro harto distinto de la coquetería, un conjunto de síntomas que no tienen con la coquetería sino superficiales semejanzas o que adoptan las formas de la coquetería, con cierta perplejidad, acaso para ganar tiempo de decidirse-. Interiormente la mujer que coquetea tiene ya tomada su resolución. Y el sentido de toda la situación consiste justamente en ocultar esa decisión, en sumir al hombre en una incertidumbre y perplejidad que sólo es incierta para él, pero que en sí es ya algo resuelto y seguro. Lo que confiere a la coqueta su peculiar poderío y predominio es que ella está firmemente decidida y, sin embargo, establece con el hombre una relación por la cual él queda como desorientado, desarraigado, sumido en la vacilación e incertidumbre.

Ahora bien, el hombre se presta a este juego; y se presta a él no sólo porque, pendientes sus deseos de las mercedes femeninas, no tiene más remedio que soportarlo, sino también muchas veces porque extrae un peculiar encanto y goce de ese tratamiento que le hace oscilar de uno a otro extremo. ¿Por qué, empero, este placer? La explicación se encuentra bien próxima en el hecho conocido de que cuando una serie de sensaciones está orientada hacia un sentimiento final de ventura, los momentos que preceden al logro del fin reciben como una irradiación del valor placentero que se espera alcanzar. La coquetería es uno de los casos más claros de este fenómeno. Primitivamente el goce fisiológico hubo de ser sin duda el único de la serie erótica. Pero poco a poco fue el placer corriéndose a los momentos antecedentes de la serie. Es muy verosímil que nos encontremos aquí efectivamente ante una evolución histórica -en lo que se refiere al elemento psicológico-; porque sabemos por experiencia que el sentido de placer se extiende a momentos tanto más lejanos, alusivos y simbólicos del erotismo, cuanto se trata de personalidades más cultivadas y refinadas. Esta contaminación espiritual puede llegar tan lejos que, por ejemplo, un joven enamo- rado sentirá quizás más goce en el primer apretón de manos dado en secreto, que luego en la más íntegra concesión. Para muchas naturalezas tiernas y sensibles -que en manera alguna han de ser frígidas o de sentidos romos- el beso y aun la mera conciencia del amor correspondido superan a todos los goces eróticos de carácter, por decirlo así, sustancial. El hombre con quien una mujer coquetea siente ya, en el interés que ella manifiesta, en el deseo que ella expresa de atraerlo, el encanto evocado de su posesión, como toda ventura prometida anticipa una parte del placer alcanzado. Además aparece aquí, con eficacia propia, otro matiz de la misma relación. Cuando el valor de un término final contamina sensiblemente los medios o estadios previos a su consecución, ocurre que la cantidad del valor gustado es modificada por el hecho de que, en ninguna serie real, la consecución de un eslabón intermedio garantiza nunca con seguridad absoluta el logro del valor final decisivo, o dicho de otro modo: la letra de cambio que hemos descontado ya en el goce anticipado, no será quizá pagada en su día. Para los estadios intermedios, esto da lugar a un inevitable rebajamiento de valor, pero también a una sublimación de esas etapas previas, merced al encanto del azar, sobre todo cuando el elemento fatídico, sustraído a la decisión por fuerzas propias, ese elemento que se halla siempre implícito en toda consecución, asciende y fortifica su oscura potencia de atracción. Si computáramos según su pleno valor objetivo la probabilidad de error que se interpone entre el estadio previo y el estadio final, no llegaríamos probablemente a presentir la ventura esperada. Pero esa probabilidad la sentimos al mismo tiempo como un estímulo, como el juego atractivo que puede hacernos lograr el favor de las potencias inescrutables. En la actitud espiritual que la coqueta sabe provocar, ese valor eudemonista del azar, esa conciencia de nuestra ignorancia sobre si ganaremos o perderemos, llega, por decirlo así, a afirmarse, a afianzarse. Por una parte, de la promesa inclusa en la coquetería sacamos la felicidad anticipada; pero, por otra parte, el reverso de la medalla, la probabilidad de que esa anticipación quede desmentida por un curso distinto de las cosas, surge también por la reserva con que la coqueta se manifiesta ante su pareja. El juego mutuo de ambos términos, ninguno de los cuales es bastante serio para expulsar al otro de la conciencia, engendra sobre la negación la posibilidad de la afirmación, esto es, el "quizás"; y este "quizás" que junta en unidad de estímulo la pasividad de la resignación con la actividad de la pretensión, circunscribe toda la reacción interior a la conducta de la coqueta.

Esta reacción del hombre significa, pues, aquí -por el placer que siente en el azar mismo y la típica síntesis intuitiva de sus posibilidades polares-mucho más que el mero hecho de verse arrastrado en el juego oscilante de la coquetería. Igualmente, el papel del hombre se eleva muy por encima del de simple objeto, cuando, entrando del todo en el juego de la coqueta, logra sentir placer en este juego mismo y no en la espera de una eventual resolución definitiva. Entonces es cuando toda esta acción asciende realmente a la categoría de juego, porque antes, cuando el hombre tomaba aún la cosa en serio, hallábase incluida en parte en la esfera de la realidad. Ahora, empero, no quiere el hombre tampoco traspasar la línea señalada por la coquetería; y esto, que parece anular el concepto de la coquetería, en su sentido lógico y genético, constituye en realidad el caso de coquetería más limpio de toda desviación, más puro de forma y desprovisto de toda probabilidad de cambio. El centro y eje de las relaciones y atracciones es aquí no tanto el arte de agradar -que por ciertos aspectos todavía arraiga en la esfera de la realidad- como el arte de agradar. Aquí la coquetería abandona el papel de medio o de actitud meramente provisional, para adoptar el de fin: todo lo que era goce antes pasa íntegro a esta segunda forma, y la provisionalidad ha abandonado su limitación condicional, su sometimiento a algo definitivo o aún sólo a la idea de algo definitivo; justamente el tener y conservar el sello de provisional, de fluctuante y oscilante es ahora -en contradicción lógica pero efectividad psicológica- su encanto definitivo, que no inquiere lo que trasciende de su existencia misma. Las consecuencias que suele tener la coquetería -que consisten en que a la firmeza interior de la coqueta corresponde en el hombre incertidumbre y desazón y a veces una desesperada esperanza en el azar- se convierten ahora en su contrario justamente; porque cuando el hombre no desea nada más allá de ese estadio, la convicción de que la coqueta no toma la cosa en serio le da, frente a ella, cierta firmeza y seguridad. No deseando el sí y no temiendo el no, no considerando dignas de atención las eventuales negativas a su deseo, puede el hombre entregarse al placer de ese juego con mucho mayor abandono que cuando deseaba o acaso también temía que el camino emprendido condujese a su término.

EL JUEGO, EL ARTE Y LA COQUETERÍA

Aquí es donde con mayor pureza se marca la constante relación de la coquetería con el juego y el arte. La coquetería realiza en grado sumo la definición que Kant ha dado de la esencia del arte: ser una "finalidad sin fin". La obra de arte carece de todo fin -y, sin embargo, sus partes aparecen tan llenas de sentido, tan conexionadas unas con otras, tan necesariamente colocadas en su sitio, como si concurriesen todas a la consecución de un fin perfectamente determinado. Ahora bien, la coqueta se conduce exactamente como si sólo se interesase por su pareja, como si sus actos y dichos hubieren de desembocar en la plenitud de un abandono. Pero este sentido finalista y, por decirlo así, lógico de su conducta no es, sin embargo, el que la coqueta lleva en la mente; ella deja flotar en el aire sus actos, sin extraer de éstos la consecuencia implícita, y les da un fin y término completamente diferente: agradar, subyugar, ser deseada -pero sin dejar que se tome en serio su actitud. La coqueta se conduce con plena "finalidad"; pero rechaza el "fin" a que esa conducta debiera conducir en la realidad, y lo encierra en el placer subjetivo del juego. La esencia interior, y pudiera decirse trascendental, de la coquetería se distingue de la del arte en que el arte se sitúa desde luego allende la realidad y nos salva de la realidad por la dirección de su mirada, que se aparta y desvía de todo cuanto es real; mientras que la coquetería, aunque también juega con la realidad, es, sin embargo, un juego con la realidad. La oscilación de los impulsos, que la coquetería ofrece y provoca, no extrae su encanto nunca íntegramente de las formas puras del sí y del no, o por decirlo así, de la relación abstracta entre los sexos -si bien ésta sería la perfección propia, aunque nunca plenamente alcanzada, de la coquetería-; siempre hay un acompañamiento de sensaciones que tienen su origen en la realidad misma y que vivifican la pura relación de las formas. La coqueta y -en el sentido antes indicado- también su pareja juegan sin duda y, puesto que juegan, se sustraen a la realidad; pero no juegan, como el artista, con la apariencia de la realidad, sino con la realidad misma.

Entre la coquetería y el arte existe también una analogía característica, en otra dirección. Dícese del arte que "permanece indiferente a su objeto". Esto no puede significar sino que los valores que el arte crea en las cosas no son alterados por el hecho de que esas cosas, al ser estimadas según criterios no artísticos, resulten satisfactorias o insatisfactorias, morales o inmorales, religiosas o profanas. Esta es una manera relativamente sencilla de alzarse por encima de los demás valores positivos o negativos que corresponden a un círculo de cosas reales. La coquetería la adopta también con un método en cierto modo más agudizado y acentuado. Pues -y esto lo indicamos ya antes- la coqueta trata las cosas, instrumentos de sus intenciones, de tal manera que, por lo menos idealmente y como posibilidad siempre sentida, oscila su ánimo entre el interés y la falta de interés por ellas, entre el abandono a un objeto y la reserva, entre la atracción y la repulsión. Esta conducta, simultáneamente positiva y negativa ante las cosas, revela que la coqueta está como desentendida de todo valor objetivo o de cualquier otra clase; y se expresa también en la tranquilidad y ausencia de prejuicios con que la coqueta pone a su servicio indistintamente todas las oposiciones objetivas: la mirada como el desvío, la piedad como el ateísmo, la ingenuidad como el refinamiento, la ciencia como la ignorancia. Hasta con la misma coquetería puede coquetear una coqueta y, por supuesto, con la no-coquetería igualmente. Así como al artista todas las cosas le sirven, porque no quiere de ellas sino la forma, así a la coqueta le sirven también todas, porque no quiere de ellas sino que se acomoden en el juego de guardar y soltar, de ofrecer y negar.

Repitámoslo: una mujer podrá intentar la conquista de un hombre haciendo ostentación de religiosidad o de librepensamiento -esto no es aún coquetería, y no lo será hasta que la conducta de la mujer haya adoptado ese matiz peculiar que consiste en no entregarse definitivamente a ningún contenido, en no admitir menoscabo alguno en su soberana facultad de decir en todo momento sí o no y en dar a su relación con las cosas el mismo colorido que constituye su típico atractivo para con el hombre, esto es, la simultaneidad de la entrega y la reserva. También aquí campea la sensación del "quizás", la desviación de los ojos en el momento mismo del mirar recto, la libertad frente a todo medio que en sí es insignificante y, por lo tanto, no se toma en serio; y todo esto constituye el fondo sobre que se destaca la seriedad, marcadísima acaso, del momento presente. El arte consigue situarse allende la significación real de las cosas, porque sin el menor equívoco toma de las cosas exclusivamente la forma; por eso es el arte siempre algo decidido, definido, sin vacilación alguna, y una coquetería del arte representaría como una tortura y un descarrilamiento. Pero en la coquetería esa situación allende las cosas se produce de otra manera; la coquetería acepta la significación real de cada cosa, pero en el instante mismo la anula, abrazando con igual fervor la significación contraria -aunque sólo como posibilidad, alusión, matiz y segundo término. Si el arte aparece como un juego ante las restantes categorías y contenidos de la vida, es porque toma radicalmente en serio una categoría que excluye a todas las demás. En cambio, si la coquetería es juego, es porque en general no toma nada en serio. Esta expresión negativa designa, empero, una actitud bien positiva, que enfronta unos con otros todos los términos opuestos, al menos potencialmente, y se abraza a la relación, librándola, por decirlo así, del peso de una resolución definitiva. Comparado con el concepto platónico que expusimos al principio de este ensayo, el arte se cierne por igual sobre la posesión y la no posesión; posee todas las cosas, puesto que lo único que desea de ellas es su forma y su sentido artístico, y no posee ninguna, puesto que no le interesa la realidad, objeto de la "posesión" propiamente dicha. El arte es como de sí mismos decían los franciscanos: omnia habentes, nihil possidentes. La coquetería, limitada a la circunscripción de su objeto, no se halla menos lejos de la posesión y la no posesión -o dicho en forma activa: de la entrega y la no entrega-. Pero no está sobre, sino más bien entre ambos términos, pues conserva en equilibrio fluente la participación que tiene en el uno y en el otro o los mezcla de tal manera que continuamente el uno anula al otro, como en un proceso interminable.

El arcano de la feminidad

Ya he dicho antes que el dualismo de la coquetería no significa contradicción alguna a esa unidad y resolución plena de la mujer -como tipo-, a esa unidad que la mujer lleva al problema erótico, planteándolo mucho más que el hombre en el sentido de un todo o nada -en donde el concepto de "todo" no está limitado a su significación externa-. El dualismo de la coquetería no sólo no contradice, sino que en última y suprema instancia simboliza esa unidad y el modo cómo esa unidad se manifiesta. Parece, en efecto, ser experiencia general del sentir masculino que la mujer -y justamente las más profundas, las más entregadas, las más inagotables en su encanto- conserva y reserva, en los más apasionados abandonos y ofrendas, cierto enigma último, indescifrable, inconquistable. Quizá esto guarde relación con esa unidad en que todos los gérmenes y posibilidades descansan estrechamente unidos, abrazados e indeferenciados, de manera que las mujeres suelen dar la sensación de cierta falta de desarrollo, o de tener en sí potencias que no se han convertido aún en actos -prescindiendo de todos los obstáculos que oponen o que hayan podido oponerles los prejuicios y prevenciones sociales-. Sería ciertamente inexacto considerar esa "indiferenciación" simplemente como un defecto, como un atraso; más bien significa la forma positiva en que se manifiesta la índole propia de la mujer, con su ideal peculiar, y es una forma e índole por completo equivalente a la "diferenciación" del hombre. Ahora bien; la feminidad, vista desde el punto de vista masculino, aparece como un "todavía no", como una promesa incumplida, una nonnata muchedumbre de posibilidades oscuras, que no han logrado apartarse del tronco común y diferenciarse unas de otras lo bastante para hacerse visibles y tangibles. Añádase a esto que los modos de formación plástica y de expresión -no me refiero sólo a los verbales- que nuestra cultura ofrece a la intimidad del alma han sido creados esencialmente por los hombres y resultan inevitablemente más acomodados a la índole y necesidades masculinas. Así resulta que el elemento diferencial y típico de la feminidad no encuentra muchas veces una expresión satisfactoria y a la vez inteligible. Esto también ha de contribuir, pues, al sentimiento de que el más integral abandono de la mujer no anula una postrer reserva íntima de su alma, sentimos que hay algo cuya revelación propiamente habríamos de esperar y que, sin embargo, no acaba de desprenderse de la raigambre central. Sin duda no es éste un límite deliberadamente puesto por la mujer misma; no es un postrer resto que la mujer niegue a su amado, no; es más bien el núcleo último de la personalidad que, por decirlo así, resulta inexpresable y que, aunque ofrecido también por la mujer, aparece como algo opaco e inefable, arca cerrada cuya llave no tiene el que la recibe. No es, pues, maravilla que el hombre sienta la sensación de que algo se le mantiene oculto e interprete el sentimiento de no poseerlo, como si la mujer no se lo hubiese dado. Este fenómeno de la reserva -sea cual fuere su génesis- aparece como una misteriosa compenetración del sí y el no, del dar y el negar, en el cual la coquetería se halla en cierto modo preformada. Esa semi-ocultación de la mujer, en la que se expresa su más profunda relación con el hombre, es recogida con plena conciencia por la coquetería, la cual rebaja de este modo el fundamento último, metafísico, de la relación, hasta convertirlo en un simple medio de su realización externa. Así se explica, empero, porque la coquetería no es en modo alguno un "artificio de mujeres malas" -pues no suelen ser las más coquetas ni las hetairas ni las mujeres de poca espiritualidad y mucha sensualidad-; así se explica cómo hombres en quienes las seducciones exteriores carecen de eficacia, se entregan conscientemente al encanto de la coquetería, con el sentimiento de que ésta no rebaja ni al sujeto ni al objeto de ella.

LA RELACIÓN DE LOS SEXOS

Esta forma en que se manifiesta la participación de la mujer en la relación de los sexos; este sí y no, que es la base de todo sí o de todo no, nos revela ahora un sentido más profundo de aquella interpretación del amor como un término medio entre poseer y no poseer. Porque hemos visto que la no posesión emerge de la posesión misma y ambas constituyen las dos caras de una unidad de relación, cuya forma más extrema y apasionada es, en última instancia, la posesión de algo que al mismo tiem-

po no se posee. La profunda soledad metafísica del individuo -todo intento de superarla entregándose uno a otro
es una salida por el infinito- ha recibido en la relación de
los sexos una forma de peculiar matiz, pero acaso la más
fundamentalmente sentida de todas. Aquí, como en
muchos otros puntos, esta relación de los sexos nos da el
prototipo de innúmeras otras relaciones de la vida individual e interindividual. Aparece como el ejemplo más puro
de muchos otros procesos, porque éstos, desde luego,
están determinados en su forma por aquella fundamental
condicionalidad de nuestra vida. Nuestro intelecto, por
ejemplo, no puede comprender el cambio y evolución de
las cosas -el real como el lógico- partiendo de una unidad
plena; y considera que por sí misma sería esta unidad
estéril y carecería de motivos que explicasen el cambio.
Ahora bien: esta actitud de nuestro intelecto se debe a que
el origen de nuestra vida está en la cooperación de dos
principios. Es más; si el hombre es, en general, un ente
dual; si la vida y el pensamiento humanos se mueven en la
forma de la polaridad; si todo contenido real se define y
afirma por oposición a su contrario, acaso todo esto se
refiera en última instancia a la división de la especie
humana en dos elementos, que eternamente se buscan y
se completan y nunca, sin embargo, logran superar su
oposición. El hombre, con sus más apasionadas necesida-

des, está, pues, pendiente de un ser, de quien le separa quizá el más hondo abismo metafísico; he aquí la más pura imagen -acaso también la forma primaría más eficaz- de aquella soledad que hace del hombre no sólo un extraño entre las cosas del mundo, sino un extraño incluso para aquellos que le son más próximos.

La simultaneidad de la posesión y la no posesión es, pues, la forma manifestativa indestructible y la base última del erotismo. Pero la coquetería destila de ese fondo una quintaesencia erótica que expone, por decirlo así, en la forma del juego -pues el juego muchas veces extrae de las complicaciones vitales las formas más sencillas y básicas para hacer de ellas su contenido, por ejemplo: la caza y la ganancia, el peligro y el azar, la lucha y la astucia-. La conciencia de la coquetería hace que cada uno de los elementos opuestos, sumidos uno en otro, se destaque más claro uno sobre el otro; da a la no posesión una como visualidad positiva haciéndola bien sensible por el contraste con la posesión, reflejada y aludida; como, por otra parte, el amenazador reflejo de la no-posesión sublima en máximo grado el encanto de la posesión. Y si aquella relación fundamental nos hizo ver que incluso en la posesión definitiva arraiga la no posesión, la coquetería nos abre en la no posesión definitiva un resquicio de posesión. Siguiendo el curso de un pensamiento semejante, un psicólogo-sociólogo francés ha explicado la coquetería diciendo que con el aumento de cultura han aumentado también la excitabilidad y el número de las formas estimulantes, lo que ha dado por resultado mayores necesidades eróticas en los hombres; ya no es posible poseer todas las mujeres atractivas -mientras que en los tiempos primitivos no existía tal muchedumbre de formas "atractivas-. Ahora bien: la coquetería viene a remediar este estado de cosas, porque permite que potencialmente, simbólicamente, por aproximación en suma, la mujer pueda entregarse a un gran número de hombres y el hombre poseer a un gran número de mujeres.

Pudiera creerse que la coquetería se da exclusivamente en la relación entre hombres y mujeres y que es un reflejo superficial que representa el fundamento mismo de esa relación sexual bajo cierto ángulo de refracción. Tal creencia, sin embargo, vendría a ser una prueba más de la verdad que encierra la ya citada general experiencia de que un gran número de relaciones humanas halla en la relación de los sexos su forma ejemplar y normativa. En efecto, si se consideran los distintos modos de conducirse el hombre ante las cosas y los otros hombres, se ve que la coquetería constituye un procedimiento formal muy generalizado y que no rechaza ningún contenido particular. El sí o no con que hemos de decidirnos en casos

importantes o vulgares - ofrendas, intereses, acatamien-
tos, partidos, creencias en hombres o doctrinas-se transforma muchas veces en un sí y no o también en una oscilación entre ambos, que tiene el carácter de una simultaneidad, porque detrás de toda resolución tomada aparece
la contraria como posibilidad o como tentación. El idio-
ma posee expresiones que aluden a que los hombres
"coquetean" con credos políticos o religiosos, con hechos
importantes o con entretenimientos. La conducta así
designada tiene lugar, con mucha mayor frecuencia de lo
que creemos, en indicios y meros matices, en mezclas con
otras actitudes, sin que nos demos plenamente cuenta de
su carácter. Todos los encantos que dimanan de simulta-
near el pro y el contra, de sentir el "quizá", de prolongar la
indecisión, gustando así juntamente los dos contrarios
que en la realización luego se excluyen, son peculiares no
sólo de la coquetería de la mujer con el hombre, sino de
nuestra conducta ante mil otras realidades. Es la forma
con que cristaliza en conducta positiva la indecisión de la
vida, que hace de la necesidad no diré virtud, pero sí placer. En ese jugar -aunque no siempre unido a la emoción
del "juego"- a acercarse y alejarse, a retener para soltar, a
soltar para recoger, a darse, por decirlo así, a prueba, con
la muda intención de reservarse; en toda esta manera de
conducirse ha encontrado el alma la forma adecuada de

su relación con muchísimas cosas. El moralista podrá censurarlo. Pero entre los problemas de la vida uno es éste: que hay muchas cosas que la vida no puede rechazar y ante las cuales, sin embargo, no disponemos de un lugar firme y definido. En el campo que tales cosas ofrecen a nuestro sentir y a nuestro hacer, no encajan bien las formas propias de nuestro sentir y de nuestro hacer. De aquí surge el acercarse y el alejarse, el tanteo, el tener y el soltar, en cuyo dualismo vacilante se refleja: esa relación, tan frecuentemente inevitable, del poseer y el no poseer. Y sí un aspecto tan trágico de la vida puede revestir esa forma juguetona, oscilante y que a nada compromete, la forma, en suma, que llamamos coquetear con las cosas-bien comprenderemos que esa forma ha de lograr su más típico y puro cumplimiento justamente en la relación de los sexos, en esa relación que encubre el momento más oscuro y trágico de la vida bajo la especie de la máxima embriaguez y del más rutilante y atractivo encanto.

"Die Koketterie" (1902), publicado póstumamente
Alfred Kröner Verlag, Leipzig, 1919
Traducción de Fernando Vela
publicada en Jorge Simmel: *Cultura femenina*,
Revista de Occidente, Madrid 1934

LA SIGNIFICACIÓN ESTÉTICA DEL ROSTRO

Para explicar la incomparable presencia del rostro en el arte figurativo suele aducirse, de manera somera, el hecho de que el alma se expresa con más claridad a través del rostro. Pretendemos saber aquí en virtud de qué determinaciones, perceptibles por los sentidos, el rostro tendría esa capacidad y, más allá de esto, saber si posee unas cualidades estéticas que justifiquen su relevancia en el ámbito del arte.

La principal realización del espíritu consiste, por así decir, en unificar los múltiples elementos del mundo: reúne las cosas, que se suceden en el espacio y en el tiempo, en la unidad de una imagen, de un concepto, de una frase. Cuanto más estrechamente las partes de un conjunto se refieren unas a otras, cuanto más viva sea la interacción que las hace pasar de una existencia separada a la recíproca dependencia, tanto más el todo resultante resultará espiritualizado. De ahí que el organismo, a tenor de la estrecha relación de sus partes y de su subsunción en la unidad del proceso vital, represente el primer grado del espíritu.

En el cuerpo humano, el rostro es lo que posee en mayor medida esta unidad interna. Baste una prueba: un cambio, real o aparente, en uno sólo de los elementos del rostro modifica de inmediato todo su carácter y expresión, por ejemplo, la contracción de los labios, la forma de mirar, de fruncir las cejas. Además, no hay ninguna otra parte del cuerpo, que también constituya una unidad estética en sí misma, que por una puntual deformación quede estéticamente arruinada en su totalidad. La unidad, que parte de lo múltiple y lo engloba, significa, en efecto, que ninguna de sus partes puede verse afectada por la suerte que fuere sin que, como a través de una raíz que las uniera, todas las otras partes no se vean igualmente afectadas. La mano, que de todas las otras partes del cuerpo es la que tiene más homogeneidad, no iguala al rostro: no sólo porque la magnífica conexión y colaboración de los dedos les permite, no obstante, una independencia mutua mucho mayor en la impresión estética, sino también porque una mano siempre alude a la otra, es decir, la idea expresada por la mano se realiza en la unión de las dos. La unidad del rostro en sí mismo viene reforzada por su colocación sobre el cuello, lo que le confiere, respecto al cuerpo, una posición peninsular, en cierto modo autónoma; algo que el vestido, que cubre el resto del cuerpo, viene a recalcar visualmente.

Ahora bien, una unidad sólo tiene sentido y relevancia en la medida en que tiene ante sí una multiplicidad a la que precisamente viene a dar coherencia. Y lo cierto es que no hay en el mundo ninguna figura, salvo el rostro, en la que una multiplicidad tan grande de formas y planos confluya en una unidad de sentido tan absoluta. El ideal de toda interacción humana, a saber, que la más extrema individualización de sus elementos se integre en una unidad extrema (unidad que, aunque constituida a partir de esos elementos, existe, no obstante, más allá de cada uno de ellos y en virtud de la interacción entre los mismos), este ideal fundamental de la vida alcanza en el rostro humano la realización más perfecta que pueda existir en el ámbito de lo visible. Y del mismo modo que llamamos *espíritu de una sociedad* al contenido de la interacción que va más allá de cada individuo particular, pero no de los individuos (más que la suma de éstos y, sin embargo, su producto), así también el alma, que habita tras los rasgos del rostro siendo, no obstante, visible en ellos, es la interacción, la referencialidad cruzada, de los rasgos particulares.

Considerado de un modo puramente formal, el rostro, con esa pluralidad y diversidad en sus partes constitutivas, resultaría algo realmente abstruso y estéticamente insoportable de no ser porque esa multiplicidad se constituye al mismo tiempo en una unidad perfecta. Lo que le confiere eficacia e interés estéticos al rostro es que sus elementos están estrechamente agrupados en el espacio y pueden desplazarse sólo en márgenes muy estrechos.

Toda configuración particular requiere, para tener un efecto estético, que sus partes sean coherentes, solidarias; toda separación y división de las partes resulta anti-estética porque interrumpe y debilita la ligazón con el centro, es decir, con el imperio visual del espíritu sobre el ámbito de nuestro ser. Si los gestos amplios de las figuras barrocas, cuyos miembros parecen querer desprenderse, resultan tan molestos, es porque desmienten lo propiamente humano: la fuerza del yo central que ejerce su dominio absoluto sobre cada elemento particular.

La estructura misma del rostro hace de antemano casi imposible esta centrifugalidad, esto es, la desespiritualización. Allí donde, sin embargo, se da, por ejemplo, en una boca desmesuradamente abierta o unos ojos desorbitados, no sólo resulta anti-estética, sino que esos dos movimientos son precisamente la expresión del "estar des-espiritualizado", de la parálisis anímica, de la pérdida momentánea del dominio espiritual sobre nosotros mismos.

En este mismo sentido, el hecho de que el rostro muestre menos que las demás partes del cuerpo la influencia de la gravedad, refuerza la impresión de espiritualidad. El fenómeno humano es el lugar en el que los impulsos psico-fisiológicos luchan con la gravedad, y la forma de conducir esta batalla, y de ganarla en todo momento, es determinante para el estilo en el que se representan tanto lo singular-individual como lo típico-humano. Cuando la necesidad de sobreponerse a esa carga puramente corporal de la gravedad no deja marcas en el rostro, la impresión de espiritualidad queda reforzada. Aquí también valen las pruebas *a contrario*: los ojos cerrados, la cabeza gacha, los labios colgantes, los músculos flácidos, rendidos a la gravedad, son también síntomas de una vida espiritual menguada.

Ahora bien, el hombre no es portador de espiritualidad al modo de un libro que reúne contenidos espirituales sin que su continente sea relevante, sino que su espiritualidad tiene *la forma de la individualidad*. El rostro es el símbolo no sólo del espíritu, sino del espíritu en tanto personalidad singular, lo cual se debe en gran medida a la ocultación del cuerpo y, por tanto, especialmente al cristianismo. El rostro se convirtió en el heredero del cuerpo, un cuerpo que también participa, más aún si está desnudo, de la expresión de la individualidad, aunque siempre en menor medida que el rostro. El ojo advertido distingue los cuerpos al igual que distingue los rostros, pero aquellos *no explican* la individualidad como lo hacen éstos. Una determinada personalidad espiritual está ligada a un cuerpo determinado y singular que la identifica en todo momento; pero lo que el cuerpo no nos dirá es de *qué* personalidad se trata; esto sólo nos lo dice el rostro.

Por otro lado, mediante sus movimientos, el cuerpo sin duda puede expresar procesos espirituales, quizás tan bien como el rostro. Pero sólo en el rostro se concretan en configuraciones fijas que revelan definitivamente la psique. Esa belleza fluida que llamamos elegancia, se reproduce en cada instante en el gesto de la mano, en la inclinación del cuerpo, en la ligereza del paso, pero no deja tras de sí una forma duradera, que cristalice el movimiento individual. En el rostro, por el contrario, los ánimos propios del individuo –odio o miedo, sonrisa serena o ávida búsqueda del beneficio– dejan rasgos que perduran; la expresión pasajera del movimiento queda reflejada en los rasgos del rostro, que son expresión del carácter permanente.

Gracias a su notable plasticidad, sólo el rostro se convierte, por así decir, en el lugar geométrico de la personalidad íntima, en lo que de visible pueda tener; de la misma manera que el cristianismo, cuya tendencia a cubrir el cuerpo ha hecho del rostro el único representante de la figura humana, se ha convertido en escuela de la consciencia individual.

Junto a estos medios estéticos formales que le permiten representar la individualidad, el rostro posee otros de sentido opuesto. Al estar constituido por dos mitades, el rostro cuenta con un elemento de serenidad y equilibrio internos que contrarresta la agitación y la exageración propias de la configuración puramente individual. Como ambas mitades, debido a las diferencias del perfil y de iluminación, no son *exactamente* iguales, cada una anuncia y remite a la otra, de modo que la incomparabilidad de los rasgos individuales queda contrarrestada por la indudable comparabilidad dentro de la dualidad. Como toda simetría, también la de los rasgos del rostro es en sí misma una forma anti-individualista. En la medida en que en las figuras simétricas cada parte puede conocerse desde la otra, ambas remiten a un principio superior que las domina por igual: el racionalismo, en todos los ámbitos, tiende a buscar la configuración geométrica, mientras que la individualidad siempre tiene algo irracional, que escapa a la determinación de un principio preestablecido. Por eso, la escultura, al modelar simétricamente las mitades del rostro, está obligada a un estilo más general, típico, que elude las diferenciaciones individuales extremas, mientras que la pintura, gracias a la diferenciación en la apariencia inmediata de las mitades del rostro, facilitada por los distintos perfiles y por las relaciones de luces y sombras, muestra de entrada su esencia más individualista. El rostro constituye, desde el punto de vista estético, la síntesis más notable entre los dos principios formales de la simetría y de la individualización: realizando como un todo el segundo, lo hace en la forma del primero, una forma que rige las relaciones entre las partes.

Por último, el rostro debe su relevancia estética también a otra relación formal, evocada antes. En todos los objetos, que por sí mismos cambian o existen en muchos ejemplares parecidos entre sí, el carácter estético dependerá del alcance que habrá de tener una modificación parcial a la hora de modificar la impresión global. Opera aquí también una especie de ideal de economía de esfuerzos: un objeto resultará más eficiente y útil, desde el punto de vista estético, cuanto más vivamente reaccione como un todo ante la modificación de una parte mínima. Esto manifiesta, en efecto, la sutileza y fuerza de la conexión de sus partes, su lógica interna que, por así decir, hace que una mínima modificación en la premisa, inevitablemente, tenga su reflejo en su correspondiente conclusión. Si la indiferencia de las cosas, inherente a su imagen desde un punto de vista puramente teórico, queda abolida mediante su contemplación y configuración estéticas, los objetos que mejor responden a los ejercicios estéticos son aquellos en los que la indiferencia recíproca de los elementos queda abolida por el hecho de que cada uno de ellos determina la globalidad de los otros. El rostro es el que mejor resuelve esta tarea de producir un máximo de modificación de la impresión global con un mínimo de modificación en los detalles.

Para resolver el problema esencial de toda actividad artística, a saber, hacer recíprocamente inteligibles los elementos formales de las cosas, interpretar lo visible por sus correlaciones con lo visible, nada parece más predestinado que el rostro, toda vez que cada rasgo del rostro es, en su configuración, solidario con todos los demás, es decir, con el todo. Causa, y efecto, de esto es la enorme movilidad del rostro: aunque, en términos absolutos, disponga de una capacidad limitada de cambio, la influencia de cada cambio particular sobre el *habitus* global del rostro provoca, por así decir, la impresión de modificaciones más poderosas. Es como si en el reposo estuviera invertido un máximo de movimientos, como si el reposo sólo fuera ese instante, ajeno al tiempo, en el que han convergido innumerables movimientos y del que saldrán innumerables movimientos.

Pero en la capacidad de alcanzar un máximo de expresión con el menor movimiento, el ojo no tiene parangón. El ojo, especialmente en el arte pictórico, actúa no sólo dentro de su relación, mediada por su movilidad latente, con la globalidad de los rasgos, sino también en la relevancia que la mirada de las personas retratadas tiene para la interpretación y disposición del espacio en el interior del cuadro. Nada como el ojo, aún permaneciendo tan incondicionadamente en su lugar, irradia tanto: penetra el espacio, lo amplifica, lo envuelve, lo recorre, lo atrae. El modo en que los artistas utilizan la dirección, la intensidad, toda la determinabilidad formal de la mirada, para dividir y hacer inteligible el espacio del cuadro merecería sin duda ser estudiado.

Al mismo tiempo que el ojo lleva al punto máximo la capacidad del rostro de reflejar el alma, el ojo también lleva a cabo, en el plano puramente formal, la realización más sutil: interpretar el fenómeno sin necesidad de remitirse a una espiritualidad invisible que se ocultaría *detrás* del fenómeno. Aquí, al igual que el rostro, el ojo trae consigo la intuición, incluso la garantía, de que la solución dada a los problemas artísticos, problemas de pura visibilidad, de representación visual de las cosas, es también la solución a otros problemas que se entrecruzan entre el alma y el fenómeno, problemas de ocultación y revelación.

"Die ästhetische Bedeutung des Gesichts"
publicado en el semanal *Der Lotse*, Hamburgo, junio 1901

[...] La utilidad del recurso al secreto como técnica sociológica, como forma de acción, sin la cual nuestro contexto social nos impide lograr ciertos fines, resulta clara. Pero, más allá de su utilidad, el encanto y valor del secreto, la fascinación que puede ejercer la conducta misteriosa, sea cual sea su contenido, no son cosa evidente. De entrada, la decidida exclusión de todos los demás, produce un sentimiento de propiedad igualmente decidido, pero un sentimiento que no es el positivo de poseer sino el negativo de privar a los demás; nace, evidentemente, de nuestra sensibilidad por la *diferencia*.

Por otro lado, como se suele excluir a los otros de poseer algo de gran valor, resulta psicológicamente fácil llegar a la conclusión inversa: lo que se niega a muchos debe de ser muy valioso.

Es así como la forma del secreto confiere a la propiedad interior un valor característico: la relevancia de lo callado cede en importancia ante el hecho de que los demás no pueden conocerlo. Los niños suelen vanagloriarse diciendo: "sé algo, que tú no sabes", y lo dicen con tono de jactancia y humillación para el otro, aun cuando sólo es una mentira y no tienen ningún secreto.

En todas las relaciones, desde las más reducidas a las más amplias, aparece esta fascinación por el que conoce un secreto. En Inglaterra, las deliberaciones del Parlamento fueron durante mucho tiempo secretas, y, en tiempos de Jorge III, se perseguía la publicación en la prensa de noticias acerca de ellas, porque atentaban contra los *privilegios* del Parlamento.

El secreto sitúa a la persona en una posición excepcional: ejerce una atracción, determinada socialmente e independientemente del contenido del secreto; aunque esa atracción será mayor según el secreto sea más importante y amplio. A ello contribuye otra inversión, análoga a la ya mencionada: toda personalidad eminente, toda acción superior tiene para el común de los hombres un carácter misterioso. Sin duda, todo ser y todo hacer humanos brotan de unas fuerzas enigmáticas. Esto, entre personas de un mismo nivel o calidad, no supone ningún problema, ya que se produce cierta comprensión inmediata entre ellas. Mientras que si hay una desigualdad esencial, esa comprensión no se produce y es entonces en esa forma de la diferencia singular donde actúa el misterio. Es como si, viviendo siempre en un mismo paisaje, no nos preguntamos la influencia que puede ejercer sobre nosotros el medio, mientras sí lo hacemos tan pronto corno cambiamos de lugar, por la diferencia de sentimiento vital que nos suscita. Del secreto que rodea todo lo profundo e importante, surge el típico error de creer que todo lo misterioso es profundo e importante. Ante lo desconocido, el instinto natural de idealización y el temor del hombre actúan en un mismo sentido: darle una importancia y prestarle una atención que lo conocido no suscita.

Curiosamente, los atractivos del secreto, se combinan con los de su opuesto lógico, la traición, la revelación del secreto. El secreto contiene una tensión que se resuelve en el momento de la revelación. Ese momento constituye la peripecia en la evolución del secreto: entonces se concentran y culminan todos sus atractivos –de modo parecido a como el momento del gasto es aquel en que más gozamos del valor del objeto: la sensación de poder que da la posesión de dinero, se intensifica cuando el dilapidador se desprende de él. También al secreto va unido el sentimiento de que podemos traicionarlo, al poder de producir cambios y sorpresas, alegrías y destrucciones, aunque sea la propia destrucción. La posibilidad y la tentación de revelarlo, rodean al secreto; y, al riesgo exterior de ser descubierto, se une el riesgo interior de descubrirse uno mismo, que es como una fascinación por el abismo. El secreto pone una barrera entre los hombres, pero suscita, al mismo tiempo, la tentación de romperla con la indiscreción o la confesión. Por eso, la significación sociológica del secreto se realiza en la práctica en función de la capacidad del sujeto para guardarlo, es decir, de su resistencia o debilidad ante la tentación de traicionarlo. Del contraste entre ambos intereses, el de esconder y el de descubrir, brotan matices y fatalidades que recorren todo el campo de las interacciones. Si toda relación entre los hombres se caracteriza por la cantidad de secreto que contiene y la rodea, el desarrollo de la relación dependerá de la proporción en que se den las energías que tienden a guardar secreto y las que pro-penden a revelarlo: las primeras proceden del interés práctico y del encanto formal del secreto, las segundas de la incapacidad de resistir más tiempo la tensión del secreto; y, también, por esa sensación de superioridad que, estando latente, sólo se realiza plenamente en el momento de descubrirlo. También puede intervenir el placer de la confesión, cuando esa sensación de poder se expresa en forma perversa y negativa, como humillación de uno mismo.

Todos estos elementos que determinan la función sociológica del secreto, son de naturaleza individual; pero la medida en que las disposiciones naturales y las situaciones complejas de las personas se constituyen en secreto depende también de la estructura social en la que desenvuelven sus vidas. Llegamos así a un punto decisivo: el secreto es un momento de individualización de primer orden, con una doble función típica: por un lado, las relaciones sociales altamente personalizadas permiten y exigen el secreto y, por otro, el secreto genera y aumenta esa diferenciación. En un círculo reducido de relaciones estrechas, elaborar y mantener secretos resulta más difícil, por cuanto todos se conocen demasiado y los contactos frecuentes e íntimos incitan a la revelación. Pero en estos círculos estrechos tampoco hace mucha falta el secreto, porque estas formaciones sociales suelen nivelar a sus miembros, y no dejar que las particularidades del ser, hacer o poseer, esencia del secreto, permanezcan ocultas.

Ocurre lo contrario cuando el círculo de la interacción se agranda considerablemente. Aquí, como para muchas otras cosas, donde mejor pueden observarse los rasgos propios de los grandes círculos es en la economía monetaria. Desde que la circulación económica de los bienes puede hacerse con el dinero, también puede hacerse con una clandestinidad antes imposible. Ayudan tres cualidades de la forma monetaria de los bienes: el ser comprimible, lo que permite enriquecer a una persona con un cheque que se desliza imperceptiblemente en su mano; el ser abstracta y sin cualidades, gracias a lo cual las transacciones, las compraventas de propiedad pueden hacerse disimuladamente, lo que no era posible cuando los bienes sólo eran objetos extensos y tangibles; y, por último, el alcance de su acción, merced a lo cual se puede invertir en bienes muy alejados y ajenos a las miradas del entorno más cercano.

Estas posibilidades de disimulación, que aumentan en la misma proporción que la economía monetaria, implican unos riesgos –especialmente en el manejo del dinero ajeno. De ahí que se dicten medidas de protección, como la que obliga a publicar datos de las operaciones financieras de los Estados y de las sociedades por acciones. Esto nos sirve para ilustrar mejor esa evolución antes señalada, según la cual, los contenidos del secreto varían constantemente: lo que era público, se torna secreto, y lo que era secreto, se deja ver; lo cual podría dar lugar a una idea paradójica: que la convivencia humana necesitaría de una cantidad invariada de secreto, sólo cambiarían los contenidos del mismo. Esta idea puede precisarse en el siguiente sentido: parece que, a medida que la civilización se especializa, los asuntos colectivos se hacen públicos y los individuales, secretos. Como se ha dicho, en las sociedades primitivas, los individuos no pueden evitar la intromisión de los otros, algo que el estilo de vida moderno, especialmente en las grandes ciudades, sí permite hacer, dando así lugar a una notable extensión de la discreción y la reserva. Por el contrario, si, en el pasado, los Estados, los representantes de los intereses públicos, solían esconderse tras un halo de autoridad mística, a medida que el campo de lo político se ha ido extendiendo y desarrollando, esos representantes pasan a usar técnicas más objetivas al mismo tiempo que aumenta la distancia que les separa del resto de los individuos, y esto les confiere una seguridad y una dignidad que les permite soportar el que sus actividades sean públicas. La clandestinidad de los asuntos públicos revelaba su contradicción interna al incitar reacciones opuestas: la traición y el espionaje. En los siglos XVII y XVIII, los Gobiernos aún mantenían en el mayor secreto el importe de la deudas del Estado, las recaudaciones de impuestos o el número de sus soldados; de ahí que los embajadores se dedicaran a acechar datos, a desviar cartas, a sonsacar entre los que "sabían", incluso entre la servidumbre.[3] En el siglo XIX la publicidad se impone en los asuntos del Estado, hasta el punto que los propios Gobiernos publican oficialmente los datos que hasta entonces todo régimen debía mantener secretos si quería pervivir. Así, la política, la administración, la justicia, han ido perdiendo su secreto a medida que el individuo iba reservándose más y la vida moderna iba elaborando una técnica para guardar el secreto de los asuntos privados en medio del hacinamiento de las grandes ciudades –sin necesidad de aislarse físicamente.

¿En qué medida esta evolución sirve a determinado fin? La respuesta dependerá del axioma social que se considere. La democracia querrá la publicidad como un estado deseable en sí mismo, en virtud del principio de que todos deben conocer los hechos y circunstancias que les conciernen, pues sólo así podrán decidir al respecto; el saber implicaría ya una incitación psicológica a participar. Está por ver si este razonamiento es del todo pertinente. Cuando surge un sistema de poder objetivo, por encima de los intereses individualistas pero que los tiene en cuenta, ese sistema puede legítimamente funcionar secretamente, con autonomía formal, sin renunciar por ello a la "publicidad", en el sentido de cuidar concretamente de los intereses de todos. No existe, por tanto, una conexión lógica que indique que la publicidad tiene más valor. Sí vemos, no obstante, operar aquí el esquema de la diferenciación cultural: lo público se hace cada vez más público; lo privado, cada vez más privado. Esta evolución histórica refleja un significado más profundo: lo que por su esencia es público y por su contenido interesa a todos, acaba haciéndose cada vez más público externamente, en su forma sociológica, y lo que se refiere sólo al yo, a los asuntos centrípetos del individuo, adquiere una forma sociológica cada vez más privada, cada vez más apta para permanecer secreto.

Hay en lo que he dicho antes –que el secreto funciona también como un adorno que valoriza al que lo posee– una contradicción interna: el esconder algo a los demás debe estar presente en sus conciencias; el sujeto destaca justamente por aquello que oculta. Esto demuestra que la necesidad de destacar sociológicamente recurre a medios contradictorios, también por cuanto aquellos *contra* los que van dirigidos han de *participar* en el juego. Sin duda ha llegado el momento de analizar un polo aparentemente opuesto al secreto, el adorno, y demostrar cómo sus respectivas significaciones sociales tienen una estructura análoga. La esencia del adorno consiste en atraer las miradas de los demás hacia el que lo ostenta. En este sentido el adorno es lo contrario del secreto. Pero ya hemos visto que el secreto también acentúa la personalidad. El adorno realiza esa misma función mezclando la superioridad sobre los demás con una dependencia respecto de ellos, es una mezcla de buena voluntad y envidia.

Digresión sobre el adorno

En el deseo que siente el hombre de agradar a los que le rodean, se entrelazan tendencias opuestas que, en su alternancia, permiten realizar la relación entre los individuos. Por un lado, está la bondad, el querer dar alegría a los demás. Y, por otro, el deseo de que esa alegría, ese agrado, redunde en reconocimiento y estimación, que se nos valore por ello. Este segundo deseo puede llegar a estar en plena contradicción con el primero: agradando pretendemos distinguirnos de los demás, ser objeto de una atención que los otros no reciben –llegar, incluso, a producir envidia El agrado se convierte así en un medio al servicio de la voluntad de poder, y se acaba produciendo la siguiente contradicción: se necesita precisamente a las personas sobre las que pretendemos encumbrarnos gracias a la sensación de inferioridad que inspiran.

El adorno combina de manera singular estos motivos, en que se entretejen formas exteriores e interiores. Se trata de destacar la propia persona, de acentuarla como algo distinguido, pero no con una manifestación inmediata de poder, no mediante una coacción exterior sobre el otro, sino merced al agrado. Uno se adorna para sí mismo, pero no puede hacerlo sin adornarse también para los demás. Se trata de una curiosa contradicción sociológica: un acto que sirve exclusivamente para acentuar la propia personalidad, consigue su fin sólo por medio del agrado que proporciona al otro, por la suerte de gratitud que recibe a cambio. Incluso si el adorno produce envidia, eso significa que el envidioso desea conseguir para sí el mismo reconocimiento y admiración, y ese deseo demuestra justamente hasta qué punto considera esos valores ligados al adorno. El adorno es el objeto egoísta por antonomasia, por cuanto *destaca* a su portador y le comunica un sentimiento de superioridad sobre los demás (ya que el mismo adorno usado por todos no adornaría a nadie). Pero es también altruista, pues agrada a los demás, no disfrutándolo el propietario sino como un reflejo de su donación, que es lo que da al adorno su valor. En la interacción sociológica, ahí donde el ser-para-sí y el ser-para-los-demás se confrontan, la forma estética del adorno representa el punto en que las dos tendencias opuestas dependen una de otra, siendo alternativamente medio y fin la una de la otra.

El adorno acentúa o amplía la impresión que produce la persona, es como una irradiación de la persona. De ahí que los metales brillantes y las piedras preciosas hayan sido desde siempre sustancia del "adorno"; lo son en un sentido más estricto que el vestido o el peinado, que también "adornan". Podría decirse que el ser humano tiene algo de radioactividad; tiene un halo de significación que irradia y en el que se sumerge todo el que tiene relación con él. Este halo contiene inseparablemente unidos elementos corporales y espirituales: los influjos perceptibles por los sentidos que la persona desprende son, en cierto modo, los portadores de su resplandor espiritual y actúan como símbolos de ese resplandor, aun cuando sólo sean exteriores y nada contienen del poder de sugestión o significación de la persona. Las emanaciones del adorno, la atención sensual que suscita, amplían o intensifican la aureola que rodea a la persona: la persona es, por así decir, más, cuando está adornada. Y, en la medida en que el adorno es también un objeto de valor, viene a ser una síntesis del *ser* y del *haber* de la persona. Su mera posesión permite percibir literal y sensualmente a la persona en sí. No sucede lo mismo con el vestido ordinario, porque la conciencia no lo percibe como una singularidad individual, ni en el aspecto del haber ni en el del ser. Sólo el vestido elegante y sobre todo los adornos preciosos, que condensan su valor e irradiación en un punto, convierten el haber de la persona en una cualidad visible de su ser –y no a pesar del carácter "superfluo" del adorno, sino precisamente por ello. Lo inmediatamente necesario va estrechamente unido al hombre, circunda su ser con un halo mínimo. Pero lo superfluo "fluye por exceso", se derrama más allá de su origen, añadiendo en torno al sector de los bienes necesarios un sector más amplio y, por definición, ilimitado. El concepto de lo superfluo no encierra en sí ninguna escala. A medida que aumenta lo superfluo, aumenta la libertad e independencia de nuestro ser; lo superfluo no impone ninguna ley, ningún límite.

Pero este realce de la persona se verifica justamente merced a un rasgo de impersonalidad. Los distintos adornos del hombre se ordenan en una escala, según su proximidad física a la persona. El adorno más inmediatamente físico es el tatuaje de los pueblos primitivos. En el extremo opuesto está la joya de metal o piedras, que es absolutamente no-individual y que todo el mundo puede ponerse. Entre ambos extremos se encuentra el vestido, ni tan inamovible y personal como el tatuaje, ni tan impersonal y separable como la joya. Pero precisamente en esa impersonalidad radica su elegancia. Que un objeto cerrado en sí mismo, que no es propio de ninguna individualidad, que es metal o piedra, duro y poco maleable, se vea forzado a servir a la personalidad: en eso consiste la elegancia de la joya. La verdadera elegancia evita el exceso de individualización, rodea a la persona de una esfera de cosas generales, estilizadas, abstractas, por así decir, lo que naturalmente no es óbice para reconocer el refinamiento de la persona. Si los trajes nuevos resultan más elegantes, es porque aún son "rígidos", porque no se han amoldado al cuerpo individual como acaban haciéndolo los trajes muy usados que, reflejando la particularidad corporal de su portador, delatan su individualidad. Esta "novedad" del objeto que no cambia en virtud de la individualidad es propia de las joyas. El metal no envejece, en su inmutable frialdad está más allá de la singularidad, más allá del destino de su portador, cosa que no ocurre con el vestido. Un vestido muy usado acaba, en cierto modo, formando parte del cuerpo; tiene una intimidad con el cuerpo; está en el polo contrario de la elegancia, pues la elegancia es siempre algo para los otros: es un concepto social que saca su valor del hecho de que todos pueden reconocerlo.

El adorno, que amplía al individuo con algo supraindividual, con que se muestra a los otros y que los otros reconocen y estiman, debe tener también, además de su forma simplemente material, un *estilo*. El estilo es siempre algo general, algo que encaja los contenidos de la vida y de la actividad personales en unas formas compartidas por, y comprensibles para, muchos. En la obra de arte, propiamente dicha, el estilo interesa tanto menos, cuanto mayor sea la peculiaridad personal y la vida subjetiva que en ella se exprese, pues la obra de arte se dirige a la personalidad del espectador, que se encuentra, por así decir, solo en el mundo, frente a ella. En cambio, en todo lo que llamamos artes decorativas, destinadas, debido a su finalidad utilitaria, a un público amplio, exigimos formas más generales y típicas: no buscamos la expresión de un alma singular, sino un sentimiento de nuestra época que sea compatible con el sistema de vida de muchos individuos. No tiene sentido suponer que puesto que el adorno adorna a un individuo entonces ha de ser una obra de arte singular. Antes al contrario, puesto que ha de servir al individuo no puede tener una naturaleza individual; así como no pueden ser obras de arte individuales los muebles en que nos sentamos, o los utensilios con que comemos. Todas estas cosas, que llenan el círculo existencial del ser humano –a diferencia de la obra de arte que no se integra en la vida de los otros sino que es un mundo en sí misma–, rodean al individuo de esferas concéntricas, que se alejan de él y remiten a él. La esencia de la estilización consiste en la disolución del acento individual en una generalización que va más allá de la peculiaridad personal, pero que tiene como base o círculo de irradiación de lo individual. En este sentido, la estilización tiene un carácter relativamente estricto.

Más allá de su estilización formal, el medio material para lograr el propósito del adorno es ese resplandor que confiere al que lo lleva un halo luminoso que atrae a cuantos lo ven. La irradiación de la joya, que parece dirigirse a los demás, como el brillo de la mirada, transmite la significación social de la joya: el ser-para-los-otros que, ampliando la esfera de significación del portador, regresa hacia él. Los radios de este círculo marcan, por un lado, la distancia que el adorno pone entre los hombres ("tengo algo que tú no tienes") y, por otro, no sólo hacen participar a los demás, sino que existen para ellos. Por su materia, el adorno es, al mismo tiempo, distancia y connivencia. Por eso sirve de un modo especial a la vanidad, que necesita de los demás para poder despreciarlos. En esto radica la diferencia esencial entre vanidad y orgullo: éste, que se basta a sí mismo, suele desdeñar el adorno en todos los sentidos. Por otro lado, hay que tener en cuenta la importancia del material "auténtico". El encanto de lo "auténtico" consiste en ser algo más que su apariencia inmediata, apariencia que comparte con la falsificación. El auténtico no es, como el falsificado, simple apariencia: sus raíces van más allá de lo visible. Así, el hombre "auténtico" es aquel en quien se puede confiar, aun cuando no lo tengamos ante los ojos. Este ser más de lo que aparece es el *valor* del adorno; es lo que no se ve, es algo añadido a la apariencia, a diferencia de la imitación que sólo es apariencia. Y como este valor siempre es realizable, reconocible por todos, y es relativamente intemporal, el adorno se sitúa en un sistema de valores que está por encima de la contingencia y de la persona. El adorno de bisutería no produce más que un efecto inmediato para el que lo porta; el valor del adorno auténtico va más allá: entronca con las ideas sobre el valor de toda la sociedad, y se ramifica en ella. De ahí que el encanto del adorno y el realce de su portador se asiente sobre esta base supra-individual: su valor estético, que es un "valor para los demás", se convierte, por la autenticidad, en símbolo de estimación general y muestra de pertenencia a un sistema social de valores.

Durante la Edad Media, se dictó en Francia una ordenanza prohibiendo llevar alhajas de oro a todos los que no pertenecieran a determinados rangos sociales. Esto expresa bien la combinación característica del adorno: el realce sociológico y estético de la persona convergen en el objeto que resplandece y el ser-para-sí y el ser-para-otros se alternan como causa y efecto. La distinción estética, el derecho a cautivar y agradar, no puede ir más lejos que lo que determina la esfera de significaciones sociales del individuo: así es como el individuo añade al encanto de su posición social el del adorno, que lo realza como individuo: representa a su grupo, adornándose con la importancia del mismo. Este resplandor que parte del individuo amplía la esfera de impresiones que transmite, añadiéndole el valor de su clase social, simbolizada en el adorno, que de ese modo transforma la fuerza o dignidad sociales en un valor personal visible.

Por último, las tendencias centrípetas y centrífugas del adorno se combinan de manera singular: en los pueblos primitivos, la propiedad privada de la mujer –que surge después de la del hombre– se refería, en un principio, sobre todo y a veces exclusivamente, al adorno. Las primeras posesiones del hombre solían ser las armas, que reflejan su naturaleza activa, agresiva, su tendencia a ampliar su esfera personal sin atender al parecer de los demás. En cambio, en la mujer, más pasiva, esta ampliación de la esfera –formalmente igual, pese a las diferencias exteriores– depende más de la buena voluntad ajena. Ahora bien, toda propiedad significa una extensión de la personalidad; mi propiedad es aquello que obedece a mí voluntad, es decir, aquello a través de lo cual mi yo se expresa y realiza exteriormente. Y esto se verifica antes y más completamente en el cuerpo que, por eso, es nuestra primera propiedad, la más absoluta. Con el cuerpo adornado, poseemos más; con el cuerpo adornado, dominados una esfera más amplia y valiosa. Así, que el adorno se convierta en propiedad personal tiene un claro significado: amplía el yo, esa esfera que nos rodea y que llenamos con nuestra personalidad y con el éxito que tenemos en nuestro entorno, la admiración que despertamos –y que no despertarán los que no van adornados, los que no atraen a los otros a la esfera ampliada de su personalidad. En las sociedades primitivas, las mujeres se apropian precisamente de aquello que es para-los-otros, es decir que realza el valor e importancia de quien lo lleva sólo en la medida en que los otros lo reconocen: esta es la esencia del adorno. Para las grandes aspiraciones del alma –elevar el yo estando para los demás y existir para los demás realzándose a uno mismo–, el adorno viene a ser una síntesis específica, en forma estética. Una forma que realiza la síntesis por encima de esas aspiraciones, de modo que éstas pueden coexistir tranquilamente y construirse recíprocamente: el adorno viene a ser una expresión de la profunda unidad metafísica de esas aspiraciones, al mismo tiempo que una superación de sus conflictos externos.

Texto extraído de *Das Geheimnis und die geheime Gesellschaft* [*El secreto y las sociedades secretas*], 1908

La moda: máscara, vergüenza y liberación

La moda y la mujer

La moda da expresión y como acento a las dos tendencias contrapuestas, igualamiento e individualización, al placer de imitar y al de distinguirse. Esto explica tal vez el hecho de que las mujeres en general sean muy especialmente secuaces de la moda. En efecto, la debilidad de la posición social a que las mujeres han estado condenadas durante la mayor porción de la Historia engendra en ellas una estricta adhesión a todo lo que es "buen uso", a todo lo "que es debido", a toda forma de vida generalmente aceptada y reconocida. Porque el débil elude la individualización, el descansar sobre sí mismo con todas las responsabilidades que esto acarrea. Le angustia la idea de tener que defenderse con sus exclusivas fuerzas. Las formas típicas de vida le prestan un amparo, así como, viceversa, estorban la expansión de las fuerzas excepcionales con que cuenta el temperamento recio.

Sobre este terreno firme que crean el buen uso, la costumbre, la norma, el nivel medio, se esfuerzan las mujeres por conseguir la cantidad de singularización y realce de la personalidad que, dentro de él, es aún posible. La moda les ofrece a este efecto la más afortunada combinación: por un lado, constituye un círculo de imitación general, permite navegar tranquilamente por los grandes canales de la sociedad y descarga al individuo de la responsabilidad respecto a su gusto y conducta; por otro lado, da ocasión a distinguirse, a subrayar la personalidad mediante un atuendo individual.

Diríase que para cada clase de hombres y aun para cada individuo existe una proporcionalidad determinada entre el impulso de individualismo y el de inmersión en la colectividad, de suerte que si la expansión de uno de ellos es estorbada en un orden de la vida, el impulso reprimido busca otro campo donde le sea colmada la medida. Ello es que también los datos históricos nos invitan a ver en la moda el ventilador, por decirlo así, donde irrumpe el afán de la mujer por distinguirse más o menos y destacar su persona singular, ya que en otros órdenes no le es dado satisfacerlo. En los siglos XIV y XV tiene lugar en Alemania un desarrollo de la individualidad sobremanera poderoso. Las organizaciones colectivistas de la Edad Media fueron quebrantadas por la liberación de las personas. Sin embargo, en este avance individualista no tuvieron puesto las mujeres; les fue rehusada la libertad de movimientos y de desarrollo personal. Buscan entonces una indemnización en las modas indumentarias más extravagantes e hipertróficas. Por el contrario, vemos que en la misma época las mujeres italianas gozan de toda amplitud y pleno margen para el desarrollo de su individualidad. Las mujeres del Renacimiento poseían tales facilidades para cultivarse y actuar exteriormente, tales medios de diferenciación personal que, muy bien puede decirse, no han vuelto a tenerlos durante centurias. La educación y la libertad de movimientos eran casi las mismas para ambos sexos, sobre todo en las clases superiores. Pues bien, tampoco se habla nada acerca de extravagancias notables en las modas femeninas de la Italia de entonces. La necesidad de comportarse en este orden con cierto individualismo y conseguir así una especie de distinción queda anulada porque el impulso que a esas cosas lleva había hallado en otras cabal satisfacción.

En general, la historia de las mujeres muestra que su vida exterior e interior, individual y colectivamente, ofrece tal monotonía, nivelación y homogeneidad, que necesitan entregarse más vivamente a la moda, donde todo es cambio y mutación, para añadir a su vida algún atractivo. Y esto, no sólo para encontrar ellas mejor sabor a la existencia, sino también para que los demás las encuentren a ellas más sabrosas.

Del mismo modo que entre el impulso individualizador y el colectivista, existe una determinada proporcionalidad entre nuestra necesidad por conservar un carácter homogéneo a nuestra vida y la que nos lleva a desear su variación. Estas necesidades son transferidas de uno a otro orden vital, y cuando les es vedada en un lado la congrua satisfacción, tratan de compensarse forzándola en otro.

Hablando en conjunto, es preciso reconocer que la mujer, comparada con el hombre, es por esencia más fiel. Mas justamente esta fidelidad, que en el orden sentimental representa la homogeneidad y unidad de la persona, exige, en virtud del susodicho contrabalanceo de las tendencias vitales, una mayor variación en otros órdenes menos céntricos. Al revés, el hombre, más infiel por naturaleza, guarda menos rigurosamente y con menor concentración de todos los intereses vitales el compromiso del lazo sentimental que una vez anudó. Por lo mismo, no le es tan necesaria esa forma de cambio más externa. Hasta el punto de que la evitación de variaciones de orden externo y la indiferencia frente a las modas del talle exterior son específicamente masculinas. Y no porque posea un carácter más unificado, sino, al contrario, porque es más multiforme, puede prescindir de esas modificaciones meramente exteriores. Por esta razón, la mujer emancipada de nuestro tiempo, que quiere avecinarse a la índole varonil y participar de su mayor diferenciación, de su personalismo e inquietud, acentúa también su indiferencia hacia la moda.

Por otra parte, viene a ser la moda para la mujer el sustitutivo de la situación dentro de un gremio o clase que el hombre goza. Al fundirse éste con su gremio, entra, claro es, en un círculo de relativa nivelación; dentro de él es igual a otros muchos, quedando en cierto modo convertido en un mero ejemplar del tipo que ese estado u oficio representan. En cambio, y como si se tratase de una compensación, queda aumentado con toda la importancia, con toda la fuerza material y social de ese estado; a su significación individual se agrega la de su participación en el gremio, la cual, a veces, cubre los defectos y deficiencias de la persona.

La moda efectúa esto mismo, bien que en área muy diferente: completa la significancia de la persona, su incapacidad para dar por sí misma forma individual a la existencia, con sólo hacerle miembro de un círculo que ella crea y que aparece ante la conciencia pública claramente definido y destacado. Claro es que también aquí queda inclusa la personalidad en un esquema genérico; pero este esquema tiene en el respecto social un matiz individual y sustituye por tanto, merced a este rodeo social, lo que la

persona sería incapaz de conseguir por medios puramente individuales.

El curioso fenómeno de que sea a menudo la "*demi-
mondaine*" quien abre la brecha para la nueva moda se
origina en su manera de vivir, tan peculiarmente desa-
rraigada. La existencia de paria a que ve consignada por la
sociedad suscita en ella, tácito o paladino, un terrible odio
contra lo ya legitimado y firmemente establecido, odio
que halla en su afán por formas de atuendo siempre nuevas su expresión relativamente más ingenua. En la conti-
nua aspiración hacia modas nuevas e inauditas; en el
modo resuelto con que son apasionadamente abrazadas
las más opuestas a las usadas, se reconoce el disfraz estético que adopta el instinto destructor alojado en todo
paria cuando su intimidad no ha sido esclavizada por
completo.

La moda como máscara

Si intentamos ahora perseguir estas directivas del alma
en sus últimas y más sutiles actuaciones, encontraremos
siempre el mismo juego de antagonismos, el mismo
esfuerzo por construir en proporcionalidades nuevas un
equilibrio siempre roto. Es ciertamente esencial a la moda
someter toda individualidad como a una tonsura igualita-

ria. Pero ello de suerte que nunca se apodera del hombre entero, sino que queda siempre en su exterioridad, aun no tratándose de modas puramente indumentarias.

La razón de ello es que la variabilidad en que la moda consiste se contrapone siempre al sentimiento permanente de nuestro yo. Este sentimiento cobra conciencia de su relativa duración precisamente en aquella contraposición, y viceversa: la variabilidad revela su carácter de tal y emana su peculiar atractivo en contraste con aquel elemento permanente. Todo ello indica que la moda se detiene en la periferia de la personalidad, la cual se siente o al menos puede, en caso necesario, sentirse frente a ella como *pièce de résistance*.

Este sentido de la moda es el que la hace ser adoptada por hombres delicados y originales: usan de ella como de una máscara. La ciega obediencia a las normas del común en todo lo que es exterior les sirve deliberadamente de medio para reservar su sensibilidad y gusto personales. Quieren en tal extremo guardar éstos para sí, que se resisten a manifestarlos, haciéndolos asequibles a todos. Un delicado pudor, una exquisita resolución a revelar por alguna peculiaridad del aspecto externo la peculiaridad de su íntimo ser son causa de que muchos temperamentos selectos se acojan a la nivelación ocultadora de la moda. Con ello se logra un triunfo del espíritu sobre las circunstancias de la vida, que, al menos en su forma, es uno de los más altos y sutiles, a saber: que el enemigo quede convertido en un auxiliar; que precisamente lo que parecía violentar a la personalidad sea libérrimamente aceptado en su beneficio. Porque la nivelación aplastante puede ser en la moda reducida a las capas más externas de la vida, sirviendo así de velo y amparo para todo lo íntimo, que queda en mayor libertad. El conflicto entre lo social y lo individual se allana aquí mediante una separación de zonas para ambos poderes. A este género de fenómenos pertenece cierta trivialidad en las maneras y en la conversación tras de la cual hombres muy sensitivos y pudorosos suelen ocultar su alma individual.

Moda y vergüenza

El pudor nace al notarse el individuo destacado sobre la generalidad. Se origina cuando sobreviene una acentuación del yo, un aumento de la atención de un círculo hacia la persona que a ésta le parecen inoportunos. Por este motivo propenden los débiles y modestos a sentir vergüenza apenas se ven centro de la atención general. Dentro de su ánimo comienza entonces el sentimiento de su yo a oscilar penosamente entre la exaltación y la depresión. Y como este realce sobre los demás, fuente del pudor, es independiente del contenido particular que lo ocasiona, resulta que muchas veces se avergüenza uno de lo mejor y excelente. En lo que suele llamarse por antonomasia la "sociedad", es de buen tono la banalidad, no sólo porque la mutua consideración haría parecer una falta de tacto que alguien se destacase con alguna manera individual y exclusiva que los demás no pudieran imitar, sino también por el temor a esa vergüenza que, como espontáneo castigo, acomete al que ha querido salirse del tono general en que todos pueden mantenerse. La moda, en cambio, permite destacarse a la persona de una manera que siempre parece adecuada. La manifestación más extravagante, si se pone de moda, libra al individuo de ese penoso reflejo que suele acometerle cuando se siente objeto de la atención de los demás.

Los actos de las masas se caracterizan por su desvergüenza. El individuo de una masa es capaz de hacer mil cosas que si se le propusieran en la soledad levantarían en él indomables resistencias. Uno de los fenómenos sociopsicológicos más curiosos en que se revela mejor el carácter de la masa es las impudorosidades que la moda a veces comete; si cada cual fuese individualmente solicitado a ellas, protestaría con indignación; pero presentadas como ley de la moda, son dócilmente seguidas. El pudor queda en la moda –que no es sino un acto de la masa– tan extinguido como el sentimiento de responsabilidad en los crímenes multitudinarios, crímenes ante los cuales el individuo aislado retrocedería con horror. En cuanto el factor individual de la situación predomina sobre el social o de moda, comienza de nuevo a actuar el pudor. Muchas mujeres se azorarían de presentarse en su cuarto y ante un solo hombre extraño con el descote que llevan a una reunión donde hay treinta o cien varones. Pero es que en una "reunión", la moda, el factor social, impera.

La liberación por la moda

No es la moda sino una de las muchas formas que intenta el hombre para salvar en lo posible su libertad íntima, abandonando lo externo a la esclavitud social. Libertad y sumisión son una de aquellas antítesis cuya lucha perpetua, cuyo ir y venir de un orden de la vida al otro, prestan a ésta mayor riqueza y amplitud que pudiera obtenerse con un equilibrio de ellas logrado de una vez para siempre. Sostenía Schopenhauer que corresponde a cada hombre una cantidad fija de dolor y placer: de esta cantidad ni puede quedar falta ni sobrada, y en todas las variaciones y vaivenes de las circunstancias interiores y exteriores, cambia sólo su forma. Parejamente, pero con menos misticismo, podría observarse en cada época, en cada clase, en cada individuo, una proporción constante de libertad y de sumisión frente a la cual sólo nos es dado cambiar las zonas en que sus dos elementos se reparten. Y el problema de una vida superior no es otro que procurar una repartición tal que los valores sustanciales de la vida consigan, mediante ella, su más favorable expansión. Una misma cantidad de libertad y sumisión puede en un caso fomentar sobremanera los valores morales, intelectuales; estéticos, y en otro, sin previa variación cuantitativa, por un mero cambio de las áreas donde se distribuyen ambos factores, producir un efecto contrario. En general, puede decirse que el resultado más favorable para el valor total de la vida se logra cuando la irremediable sumisión es transferida todo lo posible a la periferia de la existencia, a sus exterioridades. Tal vez es Goethe en su última época el más claro ejemplo de una existencia magnífica que conquista un máximo de íntima liberación y conserva intactos sus centros vitales, merced a que aceptó la cantidad de sometimiento inevitable. Goethe se acomoda a los demás en todo lo exterior, practica estricta observancia de la formas y se inclina de grado ante las convenciones de la sociedad.

La moda, pareja en esto al derecho, actúa sólo sobre las exterioridades, sobre las facetas de nuestra vida orientadas hacia la sociedad. Esto hace de ella una forma social de una admirable utilidad. Ofrece al hombre un esquema en que puede inequívocamente demostrar su sumisión al común, su docilidad a las normas que su época, su clase, su círculo próximo le imponen; con ello compra toda la libertad posible en la vida y puede tanto mejor concentrarse en lo que le es esencial e íntimo. [...]

Texto extraído de *Philosophie der Mode*
[*Filosofía de la moda*], 1905

Boccaccio:
Dante Alighieri

Piet Mondrian:
Pureza de la pintura

Griselda Pollock:
Mary Cassatt, pintora impresionista

Max Scheler:
El héroe y el genio: modelos y valores

Yvonne Bourget:
Sarah Bernhardt, actriz (1844-1923)

Andrés Sánchez Martínez:
Salomé: imágenes de un mito finisecular

Stefan Zweig:
Marceline Desbordes-Valmores: biografía de una poetisa

William Blake:
El libro de Urizen

Ramón Gómez de la Serna:
Oscar Wilde

Pedro Ortega:
Arte y sociedades secretas

Margarita Nelken:
Tres tipos de Vírgenes

Rainer Maria Rilke:
Auguste Rodin: cartas al maestro

Romeo Galli:
Lavinia Fontana, pintora (1552-1614)

Georg Simmel:
Lo masculino y lo femenino

Jules Verne:
Edgar Allan Poe y sus obras

José Pazó:
Kuniyoshi, un gato en el mundo flotante

Frank G. Rubio:
Salvator Rosa, las pinturas brujas

Alberto Ávila Salazar:
Metraje perdido, un breviario de cine invisible

Sigmund Freud:
Lo siniestro

Alicia Rodés Vilà:
Pieter Bruegel El Viejo, El vino de la fiesta de San Martín

Stéphane Mallarmé y Paul Valéry:
Berthe Morisot, pintora impresionista

Giovanni G. de Rossi:
Angelica Kauffmann, pintora (1741-1807)

Juan Francisco Pastor Paris:
Femme fatale, imágenes de la bella diabólica

W. B. Yeats:
William Blake: la imaginación y el simbolismo

François Castre:
Rosa Bonheur, pintora (1822-1899)

Galileo Galilei:
El Infierno de Dante